바람의 검

정호성 제5시집
바람의 검

초판 인쇄 • 2025년 8월 11일
초판 발행 • 2025년 8월 18일

지은이 • 정호성
펴낸이 • 이채희
펴낸곳 • 참글문화
        등록 / 제300-2013-33호
        주소 / 서울특별시 종로구 종로54길 9-10
        전화 / 02-744-7434
        팩스 / 02-765-7418
        이메일 / chle4@hanmail.net

정가 12,000원   ISBN 979-11-980341-6-8(03810)

후원 : 용인특례시, 용인문화재단

▎이 책은 용인특례시, 용인문화재단의 2025년도 문화예술공모지원사업을 지원받아 발간·제작되었습니다.

바람의 검

정호성 제5시집

참글문화

| 시인의 말 |

깨어있다는 것은 시를 읽는 순간이다.
살아있다는 것은 시를 쓰는 순간이다.
자고 있다는 것은 시를 떠나있을 때이다.
잘하는 것이 무어냐고 물으면
시를 쓰는 것이라 말하고
못하는 것이 무어냐 물으면
시를 쓰는 것이라 말한다.
그래서 시는 나에게 일상이고 삶이다.
잘 쓰든 못 쓰든 상관없이
시인으로 사는 것이 좋고
시인으로 사는 것이 자랑스럽다.
남이야 어찌 생각하든
나의 삶을 진솔하게 써 내려가기 때문이다.
부족하지만 나 자신을 나의 시선으로 보지 않고
타인의 시선으로 보아
겸손한 시인으로 남는 것이 소원이다.

차례

□ 시인의 말

1. 사랑

반가워요 14
꽃1 15
눈이 내리네 16
함박눈 17
책갈피 18
석류 19
노을 20
그날처럼 21
말-다음에 22
말-알았어 23
말-좋지 24
말-보고 싶어 25
진짜 행복 26
오늘 내가 27
한 시쯤 반 시쯤 28
착각 29
내 여자 30
사랑은 생명 31

2. 어머니

34 마지막 선물
35 목련꽃
36 빨래판
37 영혼의 사랑
38 신(神)
39 신께
40 그리움
41 불효
42 이파리
43 구름이 된 아버지
44 손주-가슴
45 손주-이십 주
46 생명-탄생1
47 생명-탄생2
48 눈
49 손녀는 화가
50 걸음마
51 유언1
52 유언2

3. 인생

봄	54
시인	55
시인의 집	56
시인은	57
부활	58
꽃2	60
옷	61
동행	62
가을에는	63
남자	64
아니어도	65
부부(夫婦)	66
호수	67
배려	68
여행	69

4. 눈물이 이슬처럼

72 아기사슴 섬의 전설
74 까만 세상 빛처럼
76 검은 땅의 눈물
77 소말리아
78 들리나요
79 한 뼘
80 느낌
81 배려
82 나눔
83 소금꽃
84 거짓말
85 화
86 연필
87 바다와 노인
88 서각

5. 애가

카페의 인연	90
나를 위한 노래	91
꿈	92
언제나 사랑	93
사랑은	94
영혼의 사랑	95
사랑	96
이별의 이유	97
어려운 사랑	98
사랑의 원칙	99
진짜 사랑	100
너를	101
산다는 것은	102
그대여	103

6. 바람의 검

106   대통령 이름은 몰라도
107   사람
108   국회
109   갈대
110   눈물
111   사월
112   길
113   백성
114   평등
115   거미
116   5월
117   문제
118   개망초
119   으뜸
120   바람의 검

1. 사랑

반가워요

어서 오세요
빠끔히
고개 디밀지 말고
그냥 들어오세요

안녕히 가세요
고맙다 하지 말고
그러나
다시오면 더욱 반기리다

꽃1

예쁜 꽃에 눈길이 가고
향기로운 꽃에 발길 머물고
예쁘고 향기로운 꽃에 마음이 끌리지
그런데 그거 아는지 몰라
예쁘게 피기까지
향기 발하기까지
얼마나 많이 아팠는지
얼마나 많이 힘들었는지
너의 가슴이 그랬고
나의 심정이 그랬던 것처럼

눈이 내리네

사랑 없는데
목화꽃 피면 뭐하나

가슴 쓸쓸한데
솜이불 펴면 뭐하나

목화꽃도 필요 없고
솜이불도 필요 없으나

오직 하나
사랑은 있어야지

함박눈

사랑하는 마음 깊어
이 넓은 세상
하얀 꽃잎 뿌려놓고
사푼사푼 오라 하네
춤추며 오라 하네
몰래 사랑하자
발자국 덮네

책갈피

가장 중요한 곳에 꽂아두고
또 찾아보는 것처럼
나에게 넌
보고 또 보고
만지고 또 만지고 싶은 사랑이야

석류

내 심장이
뜨거울 때
망설이지 않고
용기를 내서
사랑해줄 사람
달콤한 맛을 즐길 사람
그런 사람 기다리다
내 가슴이 쪼개진다

노을

인생 후반기
저만큼 아름답기를

사랑이
저만큼 뜨거웁기를

인생 죽는 날
저만큼 아름답기를

영영 죽어서도
저만큼 미련이 남기를

그러기에 그만큼
겸손하게 살 수 있기를

그날처럼

열다섯 네 모습과
사십 년 지난 모습이
겹쳐지는 순간
가슴 쓸어내렸고

소녀였던 네 미소와
지금의 미소가
다르지 않음에
얼마나 다행인지 몰라

세월이 흘러
아직까지 네가
내 기쁨이 될 수 있다는 것이
얼마나 행복인지

다른 사람은 몰라도
나에게 넌 소중하니까
행복한 모습
아름다운 모습만 보여다오

*경을 만난 후

말
– 다음에

라는 말이
때론 위로가 되고
때론 야속하고
때론 아쉽고
때론 미련 같게 하지만
기대하지 않는 게 좋아
지켜지지 않을 거라는 거
나도 알고
너도 알아

말
– 알았어

라는 말이
때론 믿음을 주고
때론 실망을 주고
때론 핑계처럼 들리지
그러니
마음 두지 마
의미 없는 말
약속이라 믿는 건
바보 같은 짓이야
그래 속아주며 사는 게
현명한 일이지

말
– 좋지

라는 말이
긍정으로 들리지만
어쩐지 찜찜하고
믿음이 가지 않아
좋다는 것인지
말이 그렇다는 것인지
분명하지 않은 모호함
사랑 하냐는 물음에
응 이라는 말이 그래

말
- 보고 싶어

라는 말이
기대하게 하고
기다려지게 하지만
기약이 없다는 걸
약속이 아니라는 걸
우린 너무 잘 알고 있어
그래도 잊지 않고 사는 것은
어쩌면
그 마음이
내 마음이기 때문이지

진짜 행복

많이 가졌을 때
목표에 도달했을 때
꿈이 이루어질 때
높은 곳에 올라설 때
행복은 잠깐이야
하지만 진짜 행복은
오래 사랑받고
오래 사랑하는 것이다

오늘 내가

오늘 내가 너와 잘 놀지 않았다면
하늘이 슬퍼할 일이고

오늘 내가 너와 자유하지 않았다면
하늘의 법을 위반한 것이며

오늘 내가 너를 사랑하지 않았다면
하늘의 뜻을 저버린 것이다

하여 오늘 우리가
잘 놀고 자유하며 사랑하는 것은 의무다

한 시쯤 반 시쯤

너는 네 길을 가고
나는 내 길을 가다
어디쯤에서
모습 돌아볼 때
너는 후회의 눈물
나도 후회의 눈물이지
기쁨은 한 시쯤 반 시쯤이었던가
사랑은 보물이 아닌데
싸매주고 덮어줄 뿐
설레임도 없이 살았던 시간

너는 네 길을 가고
나는 내 길을 가다
어디쯤에서
모습 돌아보면
네가 도착한 그곳이
내가 도착한 곳이었어
기쁨은 한 시쯤 반 시쯤이었지
사랑 없이 살았던 날들은
네 슬픔이었고
내 눈물이었던 거야

착각

내게 오는 하루가
너에게 아름다운 날일 거라 생각하니 기쁘다

내가 호흡하는 산소가
네 호흡이었을 거라 생각하니 행복이다

내가 바라보는 별
너도 바라보겠지 생각하니 더욱 아름답다

내가 너를 그리워하듯
너도 나를 그리워할 거라 생각하니 설렌다

오늘 밤
꿈속에 찾아오는 사랑 너였으면 좋겠다

내 여자

주는 것 없이 빼앗아가는 도둑 같은 여자

내 모든 소유권 달라 하는 뻔뻔한 여자

마음에 들지 않아도 화내지 말라는 여자

인성 먹성 습성까지 바꿔버리는 끈질긴 여자

미워도 얼굴 돌리지 말라는 당돌한 여자

보이지 않는 마음까지 알아달라는 여자

만족할 때까지 사랑해 달라는 앙큼한 여자

죽는 날까지 곁에 있겠다는 정말 무서운 여자

사랑은 생명

특별한 것이야
연습도 필요하고
교육도 받아야지
그러나
살아가는 이치와 도리
연습 필요 없고
교육 필요 없어
보고 듣고
그렇게 배우는 거지

사랑도 그래
연습도 교육도 없이
사랑하다 보니
눈물 흘리는 날 많고
가슴 아픈 날 많아
그래도 다시 사랑하는 것은
사랑 아니면
살아있다 할 수 없기 때문이지

2. 어머니

마지막 선물

하늘 구름 거두어 풀잎으로 재단하고
솔잎 바늘 햇살 꿰어 날개옷 기우고
무지개 옷고름 만들어 저고리에 달아야지

천상의 별을 따서 하얀 고무신에 붙이고
청사초롱 달빛 가시는 길 밝히니
다시 못 올 먼 길 춤추며 떠나는 우리 어머니

목련꽃

고운 모습 그대로
다시 오신 우리 엄마
사흘만 보이시고
말없이 떠나시네
아~
사흘장이 불효로다
사흘장이 불효로다
석 달 장 치렀으면
석 달 보이실 터인데
아~
사흘장이 불효로다
사흘장이 불효로다
눈물도 소용없네
애타는 맘 소용없네
그리운 맘 소용없네

빨래판

눈물 흘러간 자리
한숨 깊어진 자리
안타까워 가슴 졸인 자리

보고 싶어 그리운 자리
참았던 서러운 자리
관절처럼 굳어진 자리

펴고 싶어 **빡빡** 문지르니
지난날 내 불효만
부풀어 오르네

영혼의 사랑

안식에 들어서야
마누라 귀한 줄 알았을까
땅에 묻히니 병이 낫고
먹지 않으니 속도 편해서
사랑하는 사람
문풍지로 전해오는 말
"좋은 곳에 사니 걱정하지 마소"

눈 내리면
미안해서 군불도 아끼고
한 끼 밥 먹어도
굶는 사람 때문에 반 공기
핏기 없는 얼굴
서러워도 탄식하지 않고
눈물 삼키며
"걱정 마세요 애들 잘 키울 테니"

신(神)

하얀 고무신에 흙 묻어도
구두는 언제나 깨끗하고
검정 고무신 닳아 구멍이 나도
구두 뒷굽은 닳지 않고
댓돌에 흙먼지 쌓여도
구두는 반짝반짝

막내아들
검은 운동화
댓돌 위에 놓일 때
주인 찾아
먼~ 길 떠나는 구두

*아버지의 구두는
 내가 교복 입을 때까지 神이었다

신께

내 것 아닌
내 것으로 살며
임대료도 내지 않았으니
염치없는 사람이다

흠 없고
티 없이 받아
감사 없이 살았으니
뻔뻔한 사람이다

육신이야
사용하다 노후가 된들
어쩔 수 없다 하나
영혼마저 병이 들면
도리가 아니지

이제부터
스스로 육신을 사랑하고
영혼 또한 강건하게 함이
신에 대한
도리가 아닐까

그리움

뒤척이다 옥상에 올라
하늘 올려다보니
창살 없는 구름 속
희미한 얼굴

손가락에 침 묻혀
여기저기 뚫어놓으니
비로소 얼굴 내밀고
웃어주는 우리 엄마

불효

세상 많고 많은 집 중에
내 이름으로 된 집은 없다
어머니 돌아가시기 전
"우리 아들 좋은 집 사는 것 보고 죽어야 하는데"
유언 같은 말
엄마 돌아가신지 십 년
아직도 내 집이 없다
불효다
치열한 도시에서
나약한 시인의 집은 없다

가련다
텃밭에 푸성귀 심고
닭 키워 알 꺼내 먹고
앞마당에 연못 하나 만들어
붕어 미꾸라지 키우고
뒷산에 약초 뜯어 건강 챙기고
글방에 앉아
시를 쓰며 살아야겠다
가진 것 없으니
이도 꿈이 아닐지 모르겠다

*어머니 떠나신 지 10여 년이 되던 어느 날에

이파리

미친 세상이 좋아 떠나간다
천륜 끊어내던 가위보다
야속한 바람 좋다고
화장하고 춤추고 노래 부르며
불타는 세상 속으로 떠나간다
슬픈 시간 여행

이별은 고통이 아닌
세상 두려워 떨고 있는
그래서 보내지 못하는
부실한 이파리 하나
그 애절함 때문에
울어야 하는 밤

어느 때부터
가지는 한 방향으로 휘어지고
바람에 똑똑 부러져 나간다
끝에 매달린
목질보다 메마른 이파리
무슨 힘으로 젖꼭지 물고 있는지

구름이 된 아버지

구름이 몰려온다
총성 멎은 지 십오 년
아빠는 여전히 전쟁 중이다
아랫배에 양손 깊숙이 넣고
양기 내린 담벼락에 앉아
전우들의 얼굴 그려본다
화약 연기에 헐어버린 위벽의 고통보다
살아있어 죄가 되어버린
그래서 화약을 삼키며
자신을 학대하던 아버지
꾸루룩 꾸루룩 화약이 터진다

자신 묶어갈 영혼을 부른다
육신 점점 가벼워진다
달달한 시간도 있었던가
가방 메고 달려와 품에 안긴 막내아들
입속에 박하사탕 하나 넣어주고
환하게 웃으시던 모습
웃음에서 목련꽃이 떨어진다
"또 구름 약 먹었어, 아빠는 언제 구름이 되는 거야?"
소다로 담배로 부력을 키우던 아버지
1968년 5월 단옷날
누나 치마폭 바람에 날아갔다

손주
- 가슴

잉태되었다는 소식에
마음이 날아오른다
우주보다 신비로운 생명을 위해
준비할 것들이 많다
구름회전그네
허공을 달리는 자전거
꿈이 그려지는 도화지
시들지 않는 꽃
꿈꾸는 놀이터
가슴이 작아
모든 걸 담을 수 없을 것 같은데

손주
– 이십 주

작은 생명이
영혼을 흔들고
작은 생명이
내 심장을 두드린다
유전자 중 일부가
나라는 사실
혈류의 흐름이 빨라진다
쑥쑥 자라
알토란 열매가 되어 오거라
네가 내게로 오는 그날
나 또 한 생을 살리라

생명
– 탄생1

너를 처음 보는 순간
네가 나였음을
네 어미가
내게 오던 그날처럼
네 영혼이
네 심장이
네 호흡이
무한한 우주에서
만들어지는 순간부터
너는 이미
네 어미였고
너는 이미
나였던 거야

*손녀의 탄생을 기념하며

생명
– 탄생2

무지개에 새겨진
천상의 눈물 음계 짚어가며
노래를 부르는 천사
들어보니 알 수 없으나
미소는 꽃보다 환하고
눈동자는 별보다 빛나며
작은 입으로 하는 옹알이가
심령을 묶는 오라여서
아~
내가 살아가는 길은
너를 사랑할 수밖에
손녀야
할아비를 사랑하렴

*손녀의 탄생을 기념하며

눈

손주 녀석이 다녀갔나 보다
까만 연습장 위에
무슨 글 쓰려 했는지
하얀 지우개 밥들이
여기저기 흩어져 있고
'하부지 사라해요'
삐뚤삐뚤 받침 없는 글이
파란 댓잎에 쓰여 있다
박하사탕보다 환한 미소
풀잎에 매달려있고
별빛 같은 눈빛
혹한을 견디고 있는 꽃잎에 앉아
수줍게 웃고 있다
이른 새벽
손주가 뿌려놓은
지우개 밥이 출근길을 환하게 밝혀준다

*2018년 1월 24일 새벽 출근길에서

손녀는 화가

화가가 그린 꽃은
향기 없는데
손녀가 그린 꽃은
향기 가득하고

화가가 그린 꽃은
눈으로 보는데
손녀가 그린 꽃은
손으로 보네

화가가 그린 꽃은
오늘도 내일도 그대로인데
손녀가 그린 꽃은
볼 때마다 다른 꽃이네

화가는 눈으로 보고
손으로 그리지만
우리 손녀는 보지도 않고
똥꼬로 그리네

걸음마

네가 한 걸음 다가올 때
열 걸음 다가가고 싶은데
너의 한 걸음은
나의 열 걸음이라서
두 팔 벌리고
다가오기를 환히 웃는데
나의 열 걸음보다
다가오는 너의 한 걸음은
우주 안에
가장 큰 기쁨이더라

유언1

부모로부터 물려받은 육신
흠 있으면 안 되니
수술하지 말고

숨을 쉬는 동안
일 원 한 장 지불하지 않았으니
산소호흡기 사용하지 말며

알게 모르게 세상에 진 빚
물질로 계산할 수 없으니
연명치료 하지 말라

덕 베풀지 못해 부끄러우니
천한 죽음 알리지 말고
한 평의 땅도 아까우니
화장할 것이며

그래도 어찌 알고
먼~ 길 찾아오시는 이 있으면
여비 충분히 드려
편히 가시게 할 것이다

*이 한 편의 시로 유언을 남긴다

유언2

바람 불면 바람이 되고
비가 오면 비가 되고
눈이 내리면 눈이 되고
나뭇잎 떨어지면 낙엽처럼 살았으니
나 죽거든
슬퍼하지 말고
떨어지는 꽃잎이 아름다운 것처럼
그렇게 보내다오
어둠에 살아 더러워진 육신
어둠으로 보내고
빛으로 살아 깨끗한 영은
빛으로 갈 터이니
육을 위해 눈물짓되
영을 위해 노래를 불러다오

3. 인생

봄

봄은
손가락 마디보다 짧아서
꽃보다 눈물이 먼저 떨어지고

봄은
향기보다 가벼워서
가슴이 먼저 날아가고

봄은
성욕보다 간절해서
아우성 거리는 모든 것 사랑하네

시인

나만의 세계에 사니
고독은 씹어야 하고

생각 깊어야 하니
외로움 즐겨야 하며

감성에 사니
눈물 어쩔 수 없으나

살아야 하는 이유
사랑 없다면

시인의 길도
버리겠네

시인의 집

지붕은 없어도
하늘은 있어야 하고
시멘트 담장은 없어도
탱자나무 울타리는 있어야 하며
마당은 좁아도
풍경은 좋아야지

꽃밭은 없어도
꽃들은 많아야 하고
조명은 없어도
별빛은 내려야 하며
명화 가질 수 없어도
수채화는 그려야지

가진 것 없어
찾는 이에게
좋은 음식 대접은 어려워도
마음은
늘 풍요로워
행복은 나눌 수 있어야지

시인은

내일은 나에게
주어진 날이 아니라서
오늘 가기 전에
한 권의 책을 읽고
한 편의 시를 써야겠다
그리고
밤이 오면
저 외로운 별처럼
그대 홀로 두지 않고
아침이 올 때까지
꼭 안아주어야지

부활

가자
별들의 무덤 옆으로
가서 해 떠오르기까지
하나의 가슴이 되자
세상 유전(有錢) 버리면
밝은 웃음 피어나지

구석진 곳에 마음 접지 말고
넓은 하늘과 넓은 땅
남이 탐하지 않는 그곳은 천지가 꽃이다
행복한 눈물 흘리는 촛불을 보아라
나는 이미 침실에 들어 죽어가고 있다

비 오고
천둥 번개 때려도
처마의 빗물받이 되면 좋겠다
귀먹고 눈멀어도
너의 향기에 가슴이 뛴다

우리의 침실은 부활
밤이 짧구나
마르지 않는 샘은 너
날 새고 지기를 몇 날이 지나면
저 별, 저 꽃을 닮은
사랑이 오겠지

꽃2

노란 장미
빨간 장미
검은 장미꽃으로 가려도
부끄러워하던 사람이
대담해진 것인지
낯이 두꺼워진 것인지
훤히 보이는
망사 꽃으로 가린다

어쩌나~~~
젊음 잃어버린 것일까
자신 없어 고개 숙인 것일까
삼십 년 넘게 살아
한 몸 되어버린 것일까
빠르게 흐르던 혈류도
벌렁거리던 심장도
아무런 느낌이 없다
아~ 젊은 내 청춘이여

옷

비싼 옷 입고
먼지 탈까
때 묻을까 조심조심하지 말고
실속 있는 옷 입고
편하게 사는 게 좋은 것처럼

똑똑한 사람 만나
마음고생 하지 말고
돈 많은 사람 만나
기죽어 살지 말고
착한 사람 만나 웃으며 살자

동행

이렇게 하면 싫어하겠지
저렇게 하면 떠나겠지
독하게
주위 사람 도움까지 받았지만
여전히 그대로다
어둡고 습하고
냄새나는 그곳이 뭐가 좋을까

실패 거듭해도
인생 포기하지 못해
악착같이 살아가는 나 같아서
씻어주고 닦아주고
말려가며 사랑하니
조금씩 착해지는 무좀
내 삶이 너였다

가을에는

많이 생각하지 말자
담아두려 하지 말자
버려지는 계절이니

미련 갖지 말자
잡으려 하지 말자
아니어도 슬픈 계절이니

꽃잎도 사랑
이파리도 사랑
떠오르는 얼굴도 사랑

순간의 인연이라도
이별하는 그날까지
죽을 만큼 사랑하자

남자

옛적에 떠난 여자
반 가슴 떼어가고

살 비비며 사는 여자
반 육신 가져가니

남은 건 남자의 허무
그래도 사랑은 포기하지 못해

아니어도

편할 날 올 텐데
힘들다 하지 마세요

고통 없는 날 올 텐데
아파도 참아 보세요

슬픔 없는 날 올 텐데
눈물 감추지 마세요

이별하는 날 올 텐데
너무 미워하지 마세요

기억 못 하는 날 올 텐데
많이 안아주고 사세요

있잖아요 그래도 견딜만해요
사랑 없이 살면 더 힘들어요

부부(夫婦)

말과 행동이 같고
생각과 뜻 하나라면
좋을 것 같은데
삼 년이라면 몰라도
십 년은 길고
이십 년은 지루하고
삼십 년은 까마득하지
그런데
사십 년
오십 년 사는 부부 말 들어보면
사랑해서 일 년
참아가며 삼 년
이해하며 십 년
마지못해 이십 년
미운 정에 삼십 년
습관에 사십 년
어찌어찌 오십 년을 살아도
여전히 하나 되지 못해
그냥저냥 살아간다지

호수

무심히 던진 돌
파장을 일으킨다
아차!
하늘 은총으로 사는 내가
어찌 돌을

죄악 된 손 씻으려
몸 숙이니
손보다 더러운
일그러진 마음이 보인다

배려

눈이 바쁘면
다른 사람 행동 보이지 않고
귀가 바쁘면
다른 사람 말 들리지 않고
입이 바쁘면
다른 사람 할 말이 없다

있잖아
눈 감고
귀 막고
입 닫고 살면 바보같이 보여도
그것이 진짜 인생
겸손한 사람이야

여행
– 잘츠부르크 시계탑

카이저 요셉 광장
모차르트의 음악이 들리면
크라츠 작은 요새 눈물이 흐른다
페스트 창궐
터키의 공습
프랑스군의 공격
피로 지켜냈다

혼을 바쳐야 했던
쉴로쓰베르 언덕의 유산
살아있는 육신보다
죽은 영혼이 많아
시침과 분침 바뀌어 돌아간다
이생과 내생 만나는 시간마다
종소리 가슴 때린다

4. 눈물이 이슬처럼

아기사슴 섬의 전설

그곳에 사랑은 있어
태어난 아이 미감아(未感兒)
이산가족으로 살며
한 달에 한 번
소나무 숲에서 상봉을 했다던가
바람에 균 옮을까
부모는 바람 안고
자식은 바람 등지고
손잡을 수도
안아볼 수도 없는 슬픈 탄식

처우 부당하다 하면 감금하고
죽으면 해부하고
땅에 묻지 않고 화장하고
강점기엔 전쟁의 노예
해방후엔 권력 다툼으로
희생양이 된 영혼들
아기사슴 섬에 살아
아기사슴 눈을 닮은 한센인
그들에게 기쁨은 1961년에 찾아왔다

*미감아 : 병 따위에 아직 감염되지 아니한 아이

*1961년 소록도 군의관 조창원이라는 젊은 원장은
 병동과 직원 사이 철조망을 없애고 벽돌공장을 폭파했다.

*1963년 미카엘 천사는 불임수술 철폐와 축구부를 만들었다.

까만 세상 빛처럼

꽃향기 풍기는데
나비 날아오나요
무슨 꽃이 피었나요

바람 부는데
풀잎은 춤추나요
나뭇잎은 떨어지나요

찰싹거리는 소리
바다인가요
파도는 어떻게 밀려오나요

빗방울 소리 들리는데
어디 가시나요
우산은 쓰셨나요

세상 아름다운가요
무슨 색깔인가요
까만 세상 보신 적 있나요

까만 세상엔
꽃도 바람도 사랑도
까맣게 오지만

까만 세상에 사는 나는
하얀 꿈 꾸는 날 많아서
슬퍼할 일이 없어요

검은 땅의 눈물

인연 아닌 천륜도 죄가 되고
엄마여서 미안하고
아빠여서 가슴 아프고
자식이라서 죄송하고
태아부터 배고픔 알아
맛난 음식 사치인 줄 알지만
하루 한 끼 소원도 욕심이라던가
햇살이 화살 되고
바람이 통풍되고
이슬도 몸을 무겁게 하며
아파도 병원에 갈 수 없는
하나의 하늘
하나의 땅
하나의 인간으로 사는데
누구에게 목숨인 것이
장난이 되는 세상
그대 가슴 살아있습니까?
당신이 피우는 담배 한 갑
당신이 마시는 술 한 병
후식으로 즐기는 커피 한 잔
기부할 수 없습니까?

소말리아

내가 바라보는 하늘이나
네가 바라보는 하늘이 다르지 않고
내가 서 있는 땅이나
네가 서 있는 땅이 다르지 않은데
내게 오는 햇살은 온유하고
네게 오는 햇살은 어이 화살인가
내가 무슨 복이 있어
맛난 것 찾아 먹고
네가 무슨 죄가 있어
굶어야 하는가
죄가 있다면
문명에 사는 나일 것인데
어이 네가 나의 죄를 대신하는가
미안타
미안타
내가 너를 위해 무엇을 할까

들리나요

꽃이 말하는 소리 들리나요
나무가 말하는 소리 들리나요
강물은 반짝반짝 무슨 말을 하나요
물방울 뛰어오르며 또 뭐라 하나요

사랑에도 소리가 있다는데
눈빛에도 소리가 있다는데
주고받는 정에도 소리가 있다는데
난 도무지 들리지 않아요

세상의 소리는
대롱 같은 귀로 들어 흘려버린다지요
하지만 나는
울리는 가슴으로 들어 흘려버릴 수가 없어요

한 뼘

공포 느끼는 10m
뛰어넘을 수 있는 1m
그런데
10m도
1m도 아닌
10cm에 위협 느끼는 사람이 있다
그들은 욕심 없어 위를 보지 않고
겸손하여 아래를 보는데
누구도 의식하지 않는 한 뼘
그 한 뼘 앞에서
좌절하고
절망하고
포기해야 했다
우리는 왜
높아지는 일은 잘하면서
낮아지는 일은 못 하는 것일까
사회적 갑질
누구에게 책임을 물어야 하나

*사회적 갑질
 육체, 정신, 물질의 직접적 유해가 아닌
 사회 전반에 흐르고 있는 이기주의적 사상

느낌

알아요
내게 오는 가슴이 따뜻한지
내게 오는 마음이 진실한지
내게 오는 눈빛이 사랑인지
당신께선
보고 듣고 알지만
나는
보지 않고
듣지 않아도
본능으로 알아요

배려

보이지 않는데
손 내밀면 어떻게 하나요

들리지 않는데
이름 부르면 어떻게 하나요

말하지 못하는데
대답 없다 하면 어떻게 하나요

걷지 못하는데
빨리 오라 하면 어떻게 하나요

내가 할 수 있는 방법으로
다가올 수 없나요

나눔

나누는 것이 물질이라면
바벨탑 쌓는 이 할 일이고

나누는 것이 힘이라면
바벨론의 음녀가 할 일이고

나누는 것이 명예라면
서기관 바리새인이 해야지

하지만 나눔이 사랑이라서
나도 하고 너도 할 수 있다

소금꽃

성남 중앙시장
차량들 사이 역주행하는 손수레
세월에 눌린 것일까
그리움의 무게일까
앞만 보고 가는 손수레
꺼져버린 박스 같이
쑥~ 들어간 배에
수레 손잡이 걸치고
테이프 같은 두 손으로
무릎 짚을 때마다 헉헉거린다
차량들 양 눈에 불을 켠다
차창 내리고 화살을 날린다
공허한 달이 떠오르고
꿈이 반짝이는 저녁
피와 살 빼앗겨
더는 펼 수 없는 그의 등에서 피어난 꽃
그 꽃들은 지금 어디에

거짓말

높은 빌딩 가지세요
대궐 같은 집 가지세요
고급 승용차 가지세요
세상 물질 다 가지고
부자로 사세요

그러나 난
그런 것에는 관심이 없어요
내가 원하는 건
나만 사랑해주는
뜨거운 가슴 하나

화

돌부리에 걸려 넘어져도 화내지 마
돌은 처음부터 그 자리에 있었어
보지 못한
네 탓이야

세상 이치가 그래
큰일 때문에 마음 상하는 일 없지
발밑에 작은 돌처럼
사소한 일이 문제야

눈 감을 수 있고
귀 막을 수 있고
입 닫을 수 있어
한 번만 참으면 되는 거야

연필

빛이 없는 석관은 잠을 자고
빛으로 난 목관은 깨어나지
목관 속으로 들어간 꿈은
그림자처럼 길어지고
누에 실처럼 풀어지지
하지만 꿈은 꿈일 뿐
꿈꾸는 이 아니라서
꿈을 알지 못하지

꿈이 풀릴 때
문득 쇠망치 소리 기억하며
꿈을 툭, 끊어 보지만
사촌쯤이었던 광석의 날에
사정없이 깎이곤
다시 꿈을 이어가지
꿈꾸는 이여
잠자는 나를 깨워
누군가에게 꿈을 전해주오

바다와 노인

썰물에 나가
밀물에 돌아오기를
끝내
수평선 만나지 못한 어부는
바다 심장 소리에도
먼저 간 피를 토하는
갈매기의 울음에도
추억만 조우(遭遇)하고
덧없는 세월
윤슬보다 깊은 주름 속에
서러운 눈물을 새기고 있다

서각

필요한 것만 새기다 보면
꼭 필요한 것 떨어져 나가고
필요 없는 것 파내다 보면
꼭 필요한 것은 남게 되지

사랑이 그래
좋은 것만 보고 가면
어느덧 좋았던 것 싫어지고
나쁜 것 눈감고 가면
어느 순간 나쁜 것도 사랑하게 되지

5. 애가

카페의 인연

창밖 바라보는 너에게
"커피 향 좋죠?"라는 물음에
"밖에 풍경도 좋지 않나요."
시작된 대단치 않은 만남이
부족함 채워야 하는
운명이 되어버렸어

운명이란 그래
행복하고 아름다워 보이지만
어쩐지 편하지 않아
좋아하고 말 걸 그랬어
상큼하고 달달하게
연애하고 말 걸 그랬어

나를 위한 노래

멀리 있어
그립다 하는 사람 있으면 좋겠네

가까이 있어도
보고 싶다 하는 사람 있으면 좋겠네

바라보는 순간마다
예쁘다 하는 사람 있으면 좋겠네

내가 잘못을 해도
허물을 덮어주는 사람 있으면 좋겠네

이처럼 마음이 예쁜 그런 사람
내게 오면 좋겠네

꿈

천상에서 우린 사랑이었어
세상으로 내려올 때
신의 장난으로 이별을 했지
그것은 우리의 삶이
고통이었던 것과
눈물이었던 것과
시련의 세월 그것이었어
우리의 만남은 우연이었어
우연을 핑계로 사랑을 했지
그랬던 거야
그것이었던 거야
운명처럼 사랑이 찾아온 거야
안 보면 보고 싶고
바라보면 미쳐버릴 것 같았지
혈류의 흐름이 너무 빨라
죽는 것은 아닌지 겁이 났지
경험하지 못하던 사랑이었어
구름 위에 떠 있는 것 같았지
행복한 밤
깨어보니 진정 꿈이었어

언제나 사랑

한번 베푸는 일은
내 컵의 물이 차지 않아도 가능하지만
항상 베푸는 일은
내 컵의 물이 차고 넘쳐야 가능한 일이다
사랑도 그렇다
한번 사랑은
나를 사랑하지 않아도 가능한 일이지만
언제나 사랑은
나를 사랑한 사람만이 가능한 일이다
지금 우리가
어제도 오늘도 뜨겁게 사랑하는 것처럼

사랑은

평생 마셔야 하는 물은
맛이 없어야 하고
평생 호흡하는 공기는
향기가 없어야 한다
그러나
한번을 해도
평생을 해도
맛이 있고
향기 있어야 하는 것은
사랑, 사랑이다

영혼의 사랑

차면 마셔야 하고
비웠으면 채워야지
우리 사랑해도
여전히 부족한 것은
사랑 먹고 살기 때문이지

어제보다
오늘이 간절하고
오늘보다
내일이 절실한 것은
사랑은 현실보다 이상이기 때문이지

그렇게 사랑하고 사랑해도
또 사랑하고 싶은 것은
내 안에 꿈틀거리는 것이
네 안에 속삭이는 것이
서로의 영혼이기 때문이지

사랑

세상 허물 벗고
알몸으로 다가오는
태초의 모습

안개이듯
우윳빛 미소
신비로움 속으로 끌려간다

이슬에 젖어 들 듯
모르는 사이에
포로가 되어버린

서로의 육체 안에
새로운 꿈
우주의 신비

밤은 깊어가고
멀쩡한 영혼으로는
아침 맞이하지 못하리라

이별의 이유

너를 안다지만
겉모습일 뿐 속을 알지 못하고
예쁜 얼굴
행복한 미소
따뜻한 말씨
내가 아는 너의 전부

너 외로울 때
너 슬플 때
너 화났을 때
감추고 싶은 비밀까지 알고 싶지만
참기로 했어
거기까지 알면 이별해야 하니까

어려운 사랑

필연 아닌
이별의 전제
손 놓는 순간
조금씩 멀어지고
새로운 사랑을 찾아가지
오늘 만족하지 못할 때
내일 기다려주지 않아
오늘 사랑했으니
내일 쉬어도 되는 것이 아니야

한눈팔아도
서운해 토라지고
변덕쟁이
맑은 날 소나기처럼
안에 있어도 딴생각하는
복잡 미묘한
더하기만 있을 뿐 빼기는 없는
날마다 달달하고 신선해야 하는
참 어려운 것

사랑의 원칙

다가오지 않는 시간은
불확실하고

지나간 시간은
부질없어서

오늘 내가
몸부림치며 너를 사랑한다

진짜 사랑

늘 곁에 있어
편할 거라 생각했지
사랑해서
행복한 줄 알았지
얼굴 환해서
기쁜 줄 알았지
말이 없어
불만 없을 거라 생각했지

그게 아니었어
불편함 참고 살았고
힘든 일 감추고 살았고
슬픔 견디며 살았으며
불만 누르고 살았던 거야
이제 알았어
원하는 것 무엇인지
당신만의 자유

너를

너를 생각해도 되겠니
너를 기억해도 되겠니
너의 곁에 있어도 되겠니
너만 바라봐도 되겠니
넌 그냥 있으면 돼
사랑은 내가 할 거야
넌 아무것도 하지 마
내가 사는 세상에
네가 있다는 게 좋아

마법 따윈 없어
이슬에 젖는 풀잎처럼
네가 모르는 사이에
조금씩 다가갈 거야
흔들리며 피는 꽃을 봐
누구도 사랑하지 않아
그래도 벌 나비 찾아들듯
나에게 넌 그런 존재야
넌 그냥 그렇게 있으면 돼
사랑은 내가 할 거야

산다는 것은

삶의 끝이 어디인지 모르는데
죽음을 생각하고

자신이 누구인지도 모르면서
인생이 무엇인지 알려 하고

진짜 사랑도 못 했으면서
벌써 이별을 생각하고

행복이 끝난 것도 아닌데
어찌 불행을 예단하며

아직 성공하지도 않았는데
그만 좌절하고 있는가

산다는 것은 아파
나도 아프고 너도 아파

그대여

하늘에 두었으니 보오
별을

풀잎에 두었으니 보오
눈물을

향한 마음 그렸으니 보오
석양을

파도에 띄웠으니 보오
사랑을

외로울 때 조용히 느껴보오
내 마음을

6. 바람의 검

대통령 이름은 몰라도

대통령 이름은 몰라도
벚꽃
개나리
진달래
채송화
봉선화
국화 같은
흔한 이름은 알아야 한다
언제 우리가
대단한 이름에서
위로받은 적 있었던가
그러나
그 흔한 이름 앞에서
우리는 언제나 즐거웠다
네가 나의 이름을 불러줄 때
행복했던 것처럼

사람

잘 익은 과일
썩어가는 순간까지
좋은 냄새 나는 것은
속까지 숙성되었기 때문이고

아름다운 꽃
시들어가면서도
좋은 향기 나는 것은
사는 동안 한 번도
남 미워한 적 없기 때문이다

참과 거짓은
귀로 듣는 말과
눈에 보이는 행위로
분별할 수 없나니
심령 들여다본 후 일이다

짐승의 행함은
본능적인 것이나
사람의 행함은
이치적인 것이다.

*인사가 만사 국민의 뜻이다

국회

보자니 눈꼴사납고
듣자니 귀 막히고
말하자니 입 아프고
배설물보다 더러워
만나면 피하고 싶다

오만하고
교만하고
교활하고
피 빨아먹는 거머리보다
살 파먹는 구대기보다 못한 그곳

자신들이 만들어놓은
원칙도 지키지 않고
국가는 뒷전
국민은 무시
방법은 없는 걸까?

*국민의 뜻을 무시하는 국회를 보며

갈대

일터 나서면
알코올에 부력을 키우고
정신까지 몽롱해 노래를 부른다
취한 몸 동료의 어깨 기대며
내가 네 편이 되지 않고
네가 내 편이 되지 않고서야
어찌 고난의 길 갈까
깊은 시름 이겨낼까

네가 흔들릴 때
내가 흔들리지 않으면
갈대처럼 상처를 받기에
우리는 한 몸 같이 흔들린다
언제
바람 멈춘 적 있더냐
잔잔해도 손 놓지 못하는 것 이뿐이랴
편협한 세상 얼마나 슬프냐
우리에게 필요한 것은 유익이나
절실한 것은 위로기에
내가 너와 함께 있다

눈물

소 등짝에 앉은 쇠파리
나쁜 놈이라 하지 않고
피 빨아먹는 모기
죽일 놈이라 하지 않아
그러나
노동자들의 등골 빼먹는 놈
장애인 하청업체 근로자
서러운 눈물 짜는 놈은 나쁘지
관료들은 잘 먹고
권력은 특혜 누리고
법 위에 법 있는 나라
서민을 위한
정책 세우지 않는 정부는 더 나쁘지
환경 다르고
형편 달라
공평하기 바라지 않아도
최소한의 인격 존중
인간 존엄은 보장되어야지
나라의 근간
국민이 서러운데
어찌 나라가 웃을까

사월

사월 하늘은 별이 많아
사월 들판은 꽃도 많아
사월은 누구나 아파
사월은 누구나 슬퍼
사월은 엄마가 울어

그래 사월의 별은
사월의 꽃이 되고
사월의 꽃은
시들지 않아도
아파서 떨어지는 거야

*4.16, 4.19 추모하며

길

빛에 살아도
빛을 모르는 이는
어둠이 깊어도
어둠을 알지 못하고

진리(眞理)를 들어도
깨닫지 못하는 자는
혼돈(混沌) 세상에서
도(道)의 길을 알지 못하지

허다한 것에 무지(無知)한 자는
거룩한
하늘의 뜻 알 수 없으니
죄악에 빠지리로다

오~
그대
살아있다 하나
실상은 죽은 자로다

백성

열 받으면
가벼운 냄비든
무거운 솥이든
들썩거리는 것처럼

사람도 열 받으면
욕도 하고 화도 낸다
안 그러면
니들 다 죽었어

평등

꽃은 밟지 말고
잡초라서 밟아도 된다 누가 그러더냐
따지고 보면
꽃도 풀이요
잡초도 풀인 것을
하물며 사람일까
성공한 사람 대우받고
실패한 사람 천대받고
권력에 아부하고
민초의 눈물 외면하면
공정한 사회 아니지
꽃도
풀도
식물인 것처럼
니나
나나
사람인 것을

거미

나무 하나
풀 한 포기
물 한 방울 쓰지 않고
집을 짓는다
작은 바람엔 버티다
강한 바람 불면
혹여 풀잎 뜯어질까
나뭇가지 부러질까
스스로 끊어내는
화룡점정을 찍듯
이슬의 무게까지 계산된
건축 예술의 정점
바람도 막아주고
비도 막아주고
별빛 달빛도 막아버린 집
그 안에
부끄러운 우리가 산다

5월
- 5.18 민주항쟁을 기리며

그즈음엔
술을 마시다 울컥할 때가 있다
그즈음엔
웃다가 왈칵 눈물 쏟아질 때가 있다
그즈음엔
밥을 먹다가 목이 멜 때가 있다
그즈음엔
즐거워도 노래방엘 가지 않는다
그즈음엔
딸기만 보면 슬퍼질 때가 있다
그즈음엔
하늘도 울다 통곡할 때가 있다
그즈음엔
길을 가다 떨어진 꽃잎 보이면
넘어가지 못하고 돌아서 가곤 한다
그즈음엔
살아있어 죄인처럼 느껴질 때가 있다

문제

문제를 문제로 보지 않아 문제가 되어버린 상황
문제를 문제로 보지 말라는 문제 정부의 말
문제는 이웃 나라에서 시작했고
문제를 가진 문제가 이 나라 들어올 때
문제가 문제가 될 거라 생각하지 못했다
문제를 문제로 보지 않았던 것이 문제였다
문제로 국민이 떨자
문제를 이용 문제를 확산시키는 이들이 생겨났다
문제의 원인 감추고
문제를 덮으려다
문제가 커지자
문제를 남의 탓으로 돌리기 시작했다
문제의 희생은 문제에 처한 사람들인데
문제에 처한 사람들을 문제의 주범으로 몰아갔다
문제를 문제로만 보지 말아야 했다
문제를 막기 위해
문제 앞에 솔직해져야 하고
문제를 문제로 보지 못한 문제 정부를
문제 있는 사람들이 먼저 믿어주어야 했다
문제는 문제를 남기고 사라질 것이다

*코로나19 시점에

개망초

꽃밭에 잡초인 것이
풀밭에 있어 꽃이 되는 것처럼
특별할 것 없는 네가
빛나 보이는 건
겸손한 이들이 많기 때문이야
척하지 말고 살아야 해
고개 들면 꺾여

으뜸

예쁜 사람은
향기로운 사람 그리워하고

향기로운 사람은
온유한 사람 그리워하고

온유한 사람은
겸손한 사람 그리워하고

겸손한 사람은
곁에 있는 사람 섬기지

바람의 검

흔들리는 검은 무섭고
춤추는 검은 아름답다
양날에 반쯤 닳은 달이 기운다

땅 기운을 받아 새파랗게 자라는 검은
내려오는 햇살도 상처 날까 등으로 받아내고
바람도 베일까 춤을 춘다
스스로 검이면서
누구도 찔리면 안 되지
날이 설수록 휘어지는 겸손

이제 막
자라난 철부지 검은
세상 무서운 줄 모르고 하늘 향해 곧추섰다
하지만 검이 되기까지
뼈 없는 바람이 더 무섭다는 것을 알고 난 후 일이다
한 점 바람이 광석의 소리로 지나가고
하얗게 녹슨 검이 부러진다
철부지 검이 떨고 있다